LIBRAIRIE ECCLÉSIASTIQUE DE L.-M. MONTARGIS

Rue de l'Épée, 40, à ROUEN.

Nᵒ 2.   *Rouen, le 8 mai 1883.*

MONSIEUR L'ABBÉ,

Je connais maintenant l'impression produite par ma première circulaire dans la plus grande partie du diocèse. Comme
elle signalait des abus reconnus depuis plus de vingt ans, et
faisait naître aussi l'espoir de les voir cesser, elle a produit,
j'en ai reçu bien des témoignages, une espèce de soulagement
dans le clergé. Un très-grand nombre de prêtres ont daigné
dans cette circonstance me manifester un vif intérêt, et je tiens
à les en remercier. Quelques-uns, tout en m'approuvant,
m'ont, je l'avoue, exprimé leurs regrets de voir l'Autorité mise
en cause dans cette affaire. J'aurais préféré assurément pouvoir circonscrire cette discussion entre libraires. La lecture
de cette circulaire vous dira si cela a été en mon pouvoir.

Quoi qu'il en soit, je prie très-instamment les Membres du
Clergé auxquels j'adresse cette circulaire de ne la communiquer
que le moins possible à ceux qu'elle n'intéresse pas tout spécialement, car je serais désolé de voir cette affaire prendre des
proportions que je ne veux nullement lui donner, et dépasser
les limites du diocèse qu'elle intéresse.

Ma circulaire du 2 mars dernier vous signalait, en termes
aussi modérés que possible, les abus occasionnés dans notre
diocèse par le monopole liturgique, abus qu'il eût été à mon
avis si facile de faire disparaître. Je pensais que cela aurait
suffi pour amener le résultat désiré. Je me suis trompé. Au lieu
du silence et de la cessation des abus, j'ai obtenu pour résultat,
d'un côté une nouvelle demande d'ajournement sans terme
fixe, et de l'autre une circulaire dans laquelle l'éditeur diocésain, sans réfuter les faits cités dans la mienne, cherche par
des motifs, qu'il sait n'avoir aucune valeur, à affirmer son droit
de continuer les abus dont tous se plaignent. L'ajournement

doit avoir des bornes, et je ne saurais laisser sans réponse les prétextes et les affirmations contenues dans la circulaire de M. Fleury.

Je regrette beaucoup d'être mis ainsi dans l'obligation de dire dans cette lettre *une partie* de ce que j'avais cru devoir taire précédemment. M. Fleury ne saurait s'en plaindre, car il ne doit s'en prendre qu'à lui-même.

Voici donc ma réponse : J'y suivrai l'ordre des vingt-six alinéas contenus dans la circulaire du libraire de l'Archevêché. Vous pourrez, alors, en ayant sous les yeux ma circulaire et la sienne, vous prononcer plus facilement sur la valeur de ses prétextes et affirmations que vous avez, j'en ai eu bien des preuves, déjà condamnés par avance.

1° Devant le Clergé, dont il croit avoir mérité l'entière confiance (je vous en laisse juge), il commence par accuser ma circulaire d'être *malveillante et diffamatoire*.

En présence de ce que vous savez, je ne crois guère, monsieur l'Abbé, que vous puissiez qualifier ainsi ce que je vous ai écrit, car je ne veux nuire à personne, mais simplement faire cesser des prétentions excessives, et loin de vouloir diffamer, j'ai cru devoir taire une partie des abus commis, sans me douter que leur auteur me forcerait, par sa réponse, à les spécifier davantage.

Je ne me dissimule pas à quoi s'exposerait un diffamateur en pareil cas, et suis très-désireux de voir notre éditeur tout employer pour prouver que je me trompe dans mes affirmations, que je ne produis cependant que pièces en main, et à l'aide de ses catalogues, factures, quittances, etc...

2° *Il pense*, dit-il, *que la publication de son catalogue lui suffit pour constater que le diocèse de Rouen possède la série la plus complète et la plus variée de livres liturgiques diocésains*. Pour parler ainsi, il faut n'avoir pas voulu vérifier ce qu'il a avancé. Il devrait savoir que le diocèse de Rouen est le quatrième diocèse de France comme richesse et population, et que comme tel il devrait être en effet mieux assorti que la plupart des autres diocèses. Ne sait-il pas que les diocèses de Cambrai, Tours, Paris, Lyon, Poitiers, Arras, Bordeaux, etc., ne le cèdent en rien à celui de Rouen, lorsqu'ils ne sont pas mieux assortis ?

Oserait-il comparer ses prix, comme bon marché, aux diocèses de Beauvais, Blois, Tours, Reims, Orléans, Nantes, Laval, Alby, la Rochelle, etc. Le clergé ne pouvant comparer le prix des livres ordinaires, ce qui nous ferait entrer dans des détails difficiles à juger sans avoir les livres en main, je crois simplifier les choses en lui faisant apprécier simplement les différences par les prix des propres pour bréviaires et missels.

Les propres pour bréviaires se vendent :

A Aix........	1 f. 25 et 2 f. 25		
A Blois	1 50	—	
A Amiens...	2 25	—	
A Reims	1 25	—	A Rouen,
A Moulins...	» 50	—	de 3 fr. 50 à 7 fr. 50.
A Nîmes.....	1 50	—	
A Marseille..	2 »	—	
A Meaux....	2 50	—	

Les propres pour missels se vendent :

A Arras.....	1 f. 50, 2 et 3 f.		
A Aix.......	1 f. 50 et 2 f. 25		
A Blois	1 50	—	
A Châlons ..	3 50	—	
A Marseille..	2 » et 4 »		A Rouen,
A Chambéry.	3 50	—	de 5 fr. 50 à un prix
A St-Claude.	4 »	—	indéterminé.
Au Puy.....	2 50	—	
A Amiens...	2 50	—	
A Versailles.	4 »	—	

Inutile de rappeler que l'impression du propre de Rouen pour missel coûte 0 fr. 80 c. pour le format in-4° et 0 fr. 90 c. pour le format in-f°, quoique l'éditeur le vende de 5 fr. 50 c. à n'importe quel prix, ce qui lui donne un bénéfice de plus de 400 0/0.

N'ayant pas eu le temps de prendre des renseignements dans un plus grand nombre de diocèses, ma liste est forcément abrégée; j'espère cependant qu'elle suffira à jeter une lumière sur la valeur de l'affirmation de l'éditeur dans le deuxième alinéa de sa circulaire.

Dans les diocèses que je viens de citer, les propres sont vendus séparément aux libraires comme au Clergé; mais à Rouen, on le sait, c'est le contraire qui existe. On ne les vend pas isolés ni brochés, afin de réaliser des bénéfices inconnus sur la reliure.

3° L'éditeur dit que, *dans sa conviction, il est de toute impossibilité à un éditeur sérieux de publier des livres d'église semblables aux siens à des prix inférieurs.* Le tableau ci-dessus fera, je crois, penser le contraire, à moins pourtant que M. Fleury ne veuille pas regarder comme éditeurs sérieux ceux qui ne voudraient pas faire de bénéfices aussi exagérés que les siens.

Il dit ensuite que, *si l'on parvenait à lui montrer un parois-sien ou un bréviaire à des conditions plus avantageuses que les siennes, il n'attendrait pas un jour pour mettre le diocèse en possession d'un tel livre.* Comment expliquer alors ce qu'il fait pour refuser des propres à ceux qui se procurent ailleurs que chez lui des bréviaires à très-bon marché? Si je ne donne un exemple, je vais être démenti. Je le cite donc, mais à regret :

En 1877, par des circonstances qu'il est inutile de rappeler ici, la librairie Adrien Leclerc, de Paris, offrit à un bon marché exceptionnel les quatre volumes des bréviaires in-12 et in-32. M. le Supérieur du Grand-Séminaire engagea ceux qui allaient être sous-diacres à profiter de cette circonstance pour en acheter. « *Il y a bien une difficulté, disait-il, celle de se pro-curer des propres, mais je me charge de vous les faire obtenir.* » Les élèves s'empressèrent donc d'acheter leur bréviaire. Deux d'entre eux obtinrent le propre, mais lorsque l'éditeur vit que la vente des bréviaires lui échappait, il refusa net de les fournir aux autres, malgré les promesses et les instances de M. le Supérieur. Les élèves durent ensuite se résigner, pour avoir leur propre, soit à faire relier leur bréviaire chez l'éditeur diocésain, qui voulait ainsi trouver une compen-sation, soit à acheter un nouveau bréviaire, ce que plusieurs durent se résigner à faire. M. Fleury dira sans doute qu'il était dans son droit, et même que son prix de reliure était rai-sonnable. Aurait-on pour réponse l'exemple suivant, que MM. les diacres et sous-diacres de l'année 1869 ont encore à la mémoire?

M. l'abbé B..., actuellement curé de L..., était alors bibliothé-caire du Grand-Séminaire. Il voulut, ainsi que plusieurs autres, avoir un bréviaire de son choix, et obtint avec beaucoup de peine un propre broché. Il écrivit directement à la maison Parisot, de Paris (chargée ordinairement des reliures de M. Fleury), afin de lui demander pour lui et ses confrères les prix de ses reliures pour bréviaires. M. Parisot les envoya aussitôt. MM. les sous-diacres, en voyant la différence énorme entre les prix des reliures demandés par l'éditeur diocésain et ceux demandés par son relieur, lorsqu'on lui envoyait les livres à Paris, résolurent de s'adresser directement au relieur. Tous demandèrent donc leur bréviaire broché. L'éditeur diocésain, se doutant de la chose, refusa de les leur livrer et écrivit à M. Parisot, pour lui défendre de faire aucune reliure pour le compte des séminaristes ou des prêtres du diocèse de Rouen, sous peine de se voir retirer tout le travail qu'il lui donnait.

Les élèves adressèrent des plaintes à ce sujet à M. le Supérieur, qui, prenant leur intérêt, blâma fortement l'éditeur. Faut-il le dire ? l'éditeur obtint un blâme pour le R. P. Bousquet, qui, s'en expliquant avec ses élèves, ne put s'empêcher de leur dire : « *Il faut convenir, Messieurs, ou que l'éditeur diocésain est* » *bien peu habile, ou bien qu'il doit faire des bénéfices énormes* » *aux dépens du diocèse.* » Je n'ajoute rien à ces détails.

Quoi qu'il en soit, espérons que par la suite l'éditeur, comme il le promet, ne reculera devant aucun sacrifice pour obtenir autant que possible la satisfaction de tous?

4° Il est difficile de garder son sérieux en voyant l'éditeur raconter *qu'en 1833, il fut chargé de créer le bon marché (sic) dans la liturgie rouennaise, ce qu'il aurait fait en réduisant à* 6 *francs les offices de* 18 *francs, puis à* 11 *francs, les livres de chant de* 44 *francs, etc.* Comment oser parler ainsi à ceux qui peuvent encore comparer les volumes anciens à ceux d'aujourd'hui, et qui savent ce qui se fait dans les autres diocèses de France. Et puis, comment aurait-il donc pu s'y prendre pour laisser les livres aux prix anciens sans tenir compte des prodiges de l'industrie et des merveilleux progrès de l'imprimerie qui ont abaissé les prix dans des mesures si étonnantes. L'éditeur attribuerait-il donc ces progrès à lui-même?

Comment prétendre ensuite faire remonter à 1833 *la charge qu'il eut de la liturgie rouennaise.* Qu'il me pardonne de rajeunir un peu ses souvenirs pour éclairer mes clients.

Son Eminence le Cardinal, prince de Croy, resta sur le siége de Rouen jusqu'en 1844, et laissa sous son pontificat la plus grande liberté possible à tous pour les publications liturgiques. Il donna à tous ceux que la lui demandèrent l'autorisation d'imprimer des livres d'offices, pourvu qu'ils consentissent à en déposer les épreuves à l'Archevêché; si bien que les maisons Mégard, Lecrêne-Labbey, Fleury et autres en profitèrent simultanément pour donner diverses éditions. De cette manière, la liberté commerciale était respectée, et chaque librairie particulière avait intérêt à bien faire, et aux meilleures conditions possibles. Prêtres et fidèles profitaient de cette sorte de concurrence, et la propagande religieuse y gagnait beaucoup.

En 1844 arriva Monseigneur Blanquart de Bailleul. C'est seulement sous son épiscopat que l'éditeur actuel, en rapports très-intimes avec le secrétaire que vous savez, réussit, par des moyens qu'il est inutile de rapporter ici, à se faire donner ce que nous appelons le Monopole liturgique, sans égard pour les autres éditeurs dont les pertes, par ce coup de commerce, furent considérables.

Il arriva alors une chose étrange.

M. Fleury se trouva possesseur d'un précieux monopole, mais il fallait beaucoup d'argent pour en tirer parti. Ce n'était pas une petite dépense que d'imprimer simultanément ces paroissiens, missels, propres de diocèse, etc. M. Fleury n'avait pas encore eu le bonheur d'éprouver ces pertes énormes dont il parle et qui ont fait sa fortune. Il alla donc trouver les anciens imprimeurs de la liturgie rouennaise, et avec une charité, un désintéressement que nous n'admirerons jamais assez, il leur dit : « Vous n'avez plus de droits, puisque j'ai un monopole; votre situation m'intéresse. Si vous voulez imprimer 20,000 paroissiens, et m'en donner 10,000 pour rien, comme droit de monopole, je consens à vous laisser vendre vos 10,000, mais à la condition pourtant que vous vous conformerez complètement à mes prix pour la reliure. »

Cet arrangement se renouvela plusieurs fois.

Il me semble vous voir, Monsieur l'Abbé, vous récrier à ce passage de ma lettre, passage auquel, par respect pour la dignité de la liturgie, vous voudriez ne pas ajouter foi et que vous aimeriez à regarder comme diffamatoire. Laissez-moi donc vous dire que ces imprimeurs existent encore : que par leur intelligence et leur courage, et malgré les pertes énormes que leur a fait subir le privilége liturgique, ils sont en ce moment à la tête de l'imprimerie la plus importante de Rouen, rue Legouy, 5, et rue Saint-Hilaire 136.

Libre à vous de les consulter.

Si ce sont ces livres que l'éditeur diocésain, lors de l'introduction de la liturgie romaine, s'est vu dans l'obligation de vendre au poids du papier, convenez avec moi qu'il n'est pas en droit d'appeler cela une perte pour lui, mais bien encore un bénéfice, puisque ces volumes ne lui coûtaient rien.

5° En voyant comment l'éditeur diocésain *a créé le bon marché* (*sic*), je comprends qu'il ne veuille pas abandonner comme il le dit *l'œuvre de toute sa vie*, et *qu'aucun libraire ne puisse trouver des conditions meilleures* que les siennes.

Quoi qu'il en soit, espérons que sa bonne résolution va produire d'excellents résultats, en lui faisant baisser le prix de ses livres, en lui en faisant publier de nouveaux à très-bon marché, de manière que les enfants et les pauvres puissent se procurer des livres spéciaux au diocèse, sans être forcés, comme ils le sont, d'en acheter d'étrangers, avec lesquels ils ne peuvent suivre fructueusement les offices. Le Clergé s'en réjouira, et je m'estimerai bien heureux si j'ai pu contribuer à ce résultat.

6° Je ne comprends pas bien comment l'éditeur diocésain peut dire qu'en 1860, lors de l'introduction de la liturgie romaine à Rouen, *il est parvenu à reconstituer une liturgie complète par un travail personnel et connu de tous.* J'avais regardé jusqu'ici le diocèse de Rouen comme possédant la liturgie romaine. Faudrait-il donc croire maintenant que ce n'était qu'une liturgie romano-Fleury ?

L'éditeur dit ensuite : *Et voici qu'après vingt-deux ans votre correspondant ne craint pas de parler d'abus ? Quels abus ? Qui en aurait souffert ? Le public ou un concurrent arrivé vingt ans trop tard, et pressé de moissonner sans avoir semé ? C'est ce qu'il importe de préciser.*

Je renonce à *préciser* ces abus *pour bien des causes.* Il y en a tant, que cette lettre deviendrait un volume, et le Clergé à qui je m'adresse les connaît si bien que ce serait l'ennuyer par trop de longueur.

Le Clergé sait bien qui sont ceux qui en ont souffert : lui-même, les fidèles, le public, les fabriques des paroisses, les libraires, etc., et même le concurrent arrivé vingt ans trop tard, et qui ne saurait récolter sans avoir semé, comme le faisait l'éditeur en récoltant les 10,000 paroissiens qu'il avait fait imprimer gratuitement au compte de ses anciens confrères.

7° Je ne veux pas répondre au septième alinéa, persuadé que vous savez ces choses mieux que moi et que vous me saurez gré de les taire. Vous pourrez d'ailleurs juger, en lisant cette circulaire, si les abus sont bien réellement impossibles.

8° L'éditeur dit que *nul n'aurait pu vendre le bréviaire dans le passé et ne le pourra vendre dans l'avenir à meilleur compte que lui.* Pour le passé il a raison, puisque étant seul éditeur des propres diocésains, il refusait de les vendre séparément, comme M. le Secrétaire particulier de Son Eminence pourra le lui rappeler, puisque, pour l'obtenir lui-même, il a été obligé de s'adresser, au moment de son sous-diaconat, au secrétaire d'un autre évêché, à l'insu de l'éditeur rouennais. Personne donc, vous le voyez, n'aurait pu vendre à meilleur marché que lui par le passé. Pour l'avenir, c'est autre chose... Pourtant, je reconnais que personne ne pourrait vendre meilleur marché que lui, s'il consentait à baisser à l'avenir le prix de ses livres en proportion de ce qu'il les avait vendus en trop par le passé.

9° Inutile de répondre de nouveau à cette affirmation que *les livres du diocèse de Rouen ont été le plus souvent à des prix inférieurs et jamais plus élevés que ceux des autres diocèses.* En consultant ce que j'ai dit plus haut, et que je puis prouver par les catalogues que j'ai entre les mains, il sera facile de s'assurer malheureusement du contraire. Quand l'éditeur dit *que, pendant cinquante ans, la conduite de son commerce n'a pas varié*, je ne puis que le déplorer comme un grand malheur pour tous ses clients et pour le diocèse tout entier. Mais dire qu'*aucune réclamation ne lui a été adressée*, c'est vraiment avoir trop peu de mémoire et avoir fait bien peu de cas des plaintes continuelles d'un très-grand nombre de prêtres, de fidèles et de tous les libraires de Rouen, de Dieppe, du Havre et d'Yvetot, etc... Ce n'est assurément pas cela qui doit lui donner le droit de dire qu'*il a passé de longues années en paix avec tout le monde.*

10° Aucun libraire ne saurait admettre comme vrai ce que dit l'éditeur diocésain lorsqu'il prétend faire une remise de 15 0/0 aux libraires détaillants. Cette remise n'est ni vraie, ni juste, ni raisonnable. On peut défier l'éditeur de prouver son affirmation. Ses catalogues, ses factures, ses quittances, sont entre les mains de presque tous les libraires, comme entre les miennes, pour attester le contraire. Ainsi, le paroissien qu'il vend le plus est, comme il le dit, celui de 2 francs, marqué sur le catalogue 1 fr. 80, ce qui ne fait pas 15 0/0. Il est vrai qu'il dit en tête de son catalogue que, lorsque d'une seule fois on lui en prend pour 50 francs, en le payant comptant bien entendu, il fera 5 0/0 de remise de plus. Mais sa librairie est si peu assortie de reliures, qu'à part les moments de la première communion, la plupart des libraires n'arrivent pas à 50 francs, et par conséquent n'ont pas 15 0/0. La remise de 10 0/0 est même illusoire pour certains livres, tels que catéchismes, psautiers, catéchismes de confirmation, examens de conscience, etc. Lorsque nous vendons ces livres aux prêtres, instituteurs, institutrices, nous sommes obligés de les donner exactement au même prix que nous les achetons, puisque les catalogues imprimés spécialement pour eux par l'éditeur les porte au même prix que pour les libraires. Comment, après cela, oser soutenir devant le Conseil de l'Archevêché et même publiquement, par lettre imprimée, *qu'on accorde 15 0/0 sur tous les livres faisant partie du monopole liturgique ?*

L'éditeur dit ensuite *que, ne me contentant plus de cette remise, je veux lui imposer des conditions injustes, dans un intérêt de rivalité excessive.* Il n'y a pas de rivalité de ma part. Je ne demande ni pour moi ni pour mes confrères de remises extraordinaires; mais je prétends que la librairie religieuse, loin de se traiter d'une manière moins honnête et moins raisonnable que les autres genres de librairie, doit toujours se traiter avec plus de dignité et de conscience. L'éditeur peut-il donc trouver juste de garder pour lui, qui vend en gros, un bénéfice exorbitant, pour ne laisser rien ou presque rien aux libraires détaillants ? Si je ne vous donne que des paroles sans chiffres à l'appui, l'éditeur pourra me démentir et vous mettre dans le doute. Ayez donc la patience d'examiner ces chiffres, dont je suis prêt à vous prouver l'exactitude, pièces en main. Cela vous permettra de juger des bénéfices réalisés par l'éditeur.

Prenons pour exemple le paroissien que M. Fleury avoue se vendre le plus au détail, celui de 2 francs. Il en imprime d'une seule fois 40,000 exemplaires, et met quatre ans environ à les écouler, car il vend simultanément plusieurs autres éditions. Le prix de revient de ce paroissien est de 1 fr. 05 à 1 fr. 10 l'exemplaire tout relié. L'éditeur le vend aux libraires 1 fr. 80 comme on peut le voir sur ses catalogues. C'est donc un bénéfice d'environ 75 0/0 sur le prix d'achat. Déduisez de cette somme les 5 0/0 que M. Fleury accorde aux libraires lorsqu'ils paient comptant, plus les treizièmes lorsqu'il vend par douzaine, plus l'avance des fonds, et enfin certaines redevances très-minimes, il vous faudra bien des efforts pour arriver à prouver qu'il ne garde que 50 0/0 en vendant en gros, et il trouve raisonnable qu'en moyenne le libraire détaillant se contente de 10 0/0. Voilà pour les reliures ordinaires.

La chose est bien autrement grave lorsqu'il s'agit de reliures de luxe.

Maintenant, parlons d'un livre que vous connaissez bien : le catéchisme. Ce livre n'a pas changé depuis plus d'un siècle. J'en ai ici un exemplaire imprimé en 1790 et dont le texte est absolument le même qu'en 1883. Eh bien ! le catéchisme, n'ayant pas besoin de remaniements continuels dans la composition, coûte actuellement à l'éditeur 0 fr. 30 c. l'exemplaire tout relié. Il nous est vendu 0 fr. 45 c. C'est donc 50 0/0 de bénéfice sur le prix de revient pour l'éditeur. Nous sommes obligés de le revendre, nous libraires, aux prêtres, instituteurs, institutrices, exactement le même prix, par conséquent sans aucun bénéfice.

Quant aux petits catéchismes, ils coûtent à l'éditeur 6 fr. le cent. Il nous les vend 10 fr. c'est donc plus de 60 0/0 de bénéfice pour l'éditeur ; mais nous, libraires, nous avons la peine de les vendre, et pour bénéfice, le plaisir de contenter nos clients avec quelques petites chances de pertes.

Comment, avec ces chiffres, M. Fleury pourra-t-il prouver qu'il fait 15 0/0 de remise aux libraires ? Est-il juste de lui laisser faire, sous la protection de l'Autorité, des bénéfices aussi considérables pour lui-même aux dépens des fabriques des paroisses, du Clergé, de tous les diocésains et bien aussi un peu aux dépens des libraires ?

11° L'éditeur diocésain dit ensuite *qu'il ne me suffit pas de me réjouir de l'importance et de l'accroissement de ma maison* (je lui en dois bien quelque chose), *mais que je me plains du monopole afin de le partager immédiatement avec l'espérance de le confisquer exclusivement.* Je ne comprends vraiment pas de telles craintes de sa part. Sa circulaire ne nous affirme-t-elle pas: 1° *que le Clergé lui a accordé toute sa confiance ? 2° que personne depuis cinquante ans ne lui a adressé aucune réclamation ? 3° qu'il a toujours été en paix avec tout le monde ? 4° que le service important dont il a été chargé n'a jamais été en souffrance, ni l'objet de critique sérieuse ? 5° que ses travaux ont été loués par les hommes les plus compétents ?* Douterait-il donc de ses affirmations ?

De plus, n'a-t-il pas la preuve que je ne fais rien pour confisquer le monopole ? Ne m'a-t-il pas vu, au contraire, supporter bien des choses injustes tendant à m'enlever ma clientèle pour la lui donner *exclusivement* ? Faut-il lui rappeler ce qui s'est passé à ce sujet il y a quelques années ? Pendant trois années de suite, les élèves du Grand-Séminaire m'avaient accordé d'eux-mêmes leur confiance, et presque tous achetaient chez moi tous leurs livres, que je leur faisais quelquefois trop attendre. Me croyant donc certain de la continuation de leur bienveillance, je résolus à mon tour de leur faire plaisir, en ne leur faisant plus attendre un seul jour ce qu'ils me demanderaient. Dans ce but, avant la rentrée d'octobre 1879, je fis des achats beaucoup plus considérables que par le passé. Tous mes livres étaient arrivés avant la rentrée. Mais voici que le jour de la clôture de leur retraite, j'apprends que M. Fleury est allé se plaindre de ce que le Grand-Séminaire ne s'adressait plus à lui, et réclamer que les nombreux clients, qu'il regardait comme sa propriété, lui fussent rendus. A la récréation de midi, M. le Supérieur réunit les nouveaux élèves de philosophie et de théologie et leur dit : « *J'ai reçu l'ordre de vous avertir qu'il vous est interdit d'acheter vos livres ailleurs que chez M. Fleury. Que ceux qui ont besoin de classiques veuillent donc bien donner leurs noms, et la liste va en être remise à M. Fleury.* » Tous durent obéir à cet ordre, et les deux mille francs de livres que j'avais achetés tout exprès pour le Grand-Séminaire me sont restés en magasin.

Le lendemain, j'allai trouver M. le Supérieur pour lui demander l'autorisation de me présenter quelquefois au parloir

des élèves, et lui montrer le tort qu'il venait de me faire. « *J'ai*
» *obéi*, me dit M. le Supérieur, *mais soyez tranquille, vous n'y*
» *perdrez pas, car j'ai exigé en retour qu'on prît l'engagement*
» *de donner les propres pour bréviaires et missels à ceux qui*
» *les demanderaient, et vous les aurez désormais. Quant à vous*
» *donner l'autorisation d'entrer au Grand—Séminaire, je ne*
» *le puis, parce que vous êtes libraire dans le diocèse, et que*
» *dans le diocèse l'entrée n'est accordée qu'à M. Fleury. Il n'en*
» *serait pas de même si vous étiez étranger, car alors il n'y*
» *aurait pas plus d'exception pour vous que pour tous les*
» *voyageurs.* »

Depuis trois ans, j'attends en vain l'accomplissement de la
promesse relative à la concession des propres, sans pouvoir
l'obtenir.

Pour ne pas perdre tout à fait mes théologies et autres
classiques, dont les éditions changent fréquemment, j'ai offert
ces mêmes ouvrages à la rentrée suivante à un rabais considérable, mais les élèves n'ont pu les accepter, obligés qu'ils
étaient de les prendre chez le libraire diocésain, à un prix plus
élevé. J'ai supporté tout cela sans rien dire. Mon silence prouve
assez que je ne cherchais pas à prendre le monopole.

12° Dans le douzième alinéa, l'éditeur dit que je *ne demande
les livres brochés qu'afin de réaliser, en les faisant relier, des
bénéfices plus considérables pour moi, mais sans vouloir en
faire profiter le public.* A cela je répondrai simplement que je
tiens surtout à ce que le public qui s'adresse à moi ne soit plus
en droit de se plaindre, par suite des prix exorbitants auxquels
l'éditeur me force de vendre les livres diocésains.

13° et 14° L'éditeur dit ensuite qu'*il est libre de refuser les
livres brochés et de choisir ses correspondants pour la vente.*
S'il s'agissait de livres ordinaires, personne ne lui refuserait
ce droit, mais dès qu'il s'agit de livres liturgiques, vendus
sous le contrôle de l'Autorité ecclésiastique, il n'est pas libre
d'imposer sa volonté et de nuire à la diffusion de ces livres :
pas plus en limitant le nombre des vendeurs qu'en obligeant
les acheteurs à les prendre dans des reliures qui ne leur con-
viennent pas. Il ajoute qu'*en fait un éditeur diocésain consen-
tant à vendre ses livres brochés ne pourrait faire face aux
frais de son édition.* Les chiffres que j'ai donnés plus haut sur
les prix des livres brochés prouvent trop le peu de fondement
de ce prétexte à la continuation d'un tel trafic.

15° L'éditeur, pour la question des propres, se contente de dire
qu'*elle se rattache, comme la reliure, au principe précédent.*
Comprenez-vous, Monsieur l'Abbé, une telle réponse en présence

de l'accusation si grave formulée dans ma première circulaire ?
Remarquez bien que le prix indiqué pour les propres est le
prix pour libraire. L'Autorité sait que des sommes plus fortes
ont été demandées à d'autres, comme elle se l'est fait affirmer
encore dernièrement par témoins. Aussi en a-t-elle été justement indignée.

Permettez-moi ici de ne pas citer de chiffres. Les miens
parlent déjà assez. Comment après cela oser encore exiger que
les clients achètent leurs livres reliés, sous prétexte qu'on ne
pourrait faire face aux frais de l'édition ?

16° Je ne comprends pas bien le paragraphe 16 de la lettre
de M. Fleury, car il n'a presque jamais eu pour intermédiaire
que son fils, qui doit certainement se conformer à ses ordres.
Ne nommant personne, il lui est ainsi facile de rejeter sur
d'autres des abus qui doivent probablement lui peser un peu
trop à lui-même.

17° Vous avez trop bien compris mes plaintes au sujet des abus
de l'*Ordo* pour que j'y revienne de nouveau. Il est évident que
l'éditeur des livres liturgiques n'a pas le droit d'empêcher les
prêtres d'acheter leurs livres à qui ils veulent. Personne ne
peut leur enlever leur liberté à ce sujet, pas plus dans la ville
épiscopale qu'ailleurs.

18° Les antiphonaires et graduels coûtent, il est vrai, un prix
assez considérable, et aucun éditeur ne consentirait à les imprimer, s'il devait supporter seul la composition et l'impression
pour un diocèse seulement, et n'en vendre que cinq ou six par
an. Mais l'éditeur diocésain est loin d'être dans le vrai pour
l'édition qui s'est faite au moment du changement de liturgie.
Il s'est, en effet, servi du chant de Rennes, avec quelques modifications, ce qui a singulièrement simplifié la dépense. De
plus, ces livres se sont vendus dès le début en assez grand
nombre pour que les frais d'impression se soient trouvés
recouvrés, en majeure partie, presque immédiatement, ce qui
met à néant les affirmations de l'éditeur lorsqu'il parle des
avances considérables qu'il a eu à faire.

Tout le monde sait aussi que, quand l'éditeur d'un livre fait
un tirage beaucoup au-dessus du nombre nécessaire pour un
temps raisonnable, c'est afin de n'avoir pas à faire de si tôt une
édition nouvelle, qui doublerait la dépense. Si dans la suite
l'édition s'en vend promptement, l'éditeur gagne une somme
beaucoup plus considérable ; mais, si la vente s'en fait trop lentement, le nombre tiré en trop peut se trouver perdu. C'est
un risque que chaque éditeur est *libre de courir* ; mais
en aucun cas cela ne peut lui donner le droit de faire payer sa

perte par le diocèse entier. Ce n'est d'ailleurs pas le cas du diocèse de Rouen, où l'édition a pu être tirée en nombre trop considérable, dans le but de conserver le privilége liturgique bien au-delà de l'époque fixée par le traité actuel, ce qui mettrait toujours le diocèse dans un grand embarras par la suite.

En effet, lorsque le traité avec l'Archevêché serait expiré, l'éditeur viendrait toujours présenter un stock considérable de paroissiens, missels, etc., se poserait en martyr et implorerait la continuation des faveurs accordées.

19° Ne connaissant rien à la musique, je ne saurais, par moi-même, ajouter aux louanges que l'éditeur se donne pour son travail des livres de chant, qu'il dit avoir été loué par les hommes les plus compétents. Je ne l'ai moi-même entendu louer par personne, mais je l'ai entendu blâmer par beaucoup.

20° Personne n'a jamais entendu dire que le *droit de vendre les livres reliés ait été spécialement reconnu à l'éditeur comme dédommagement de son travail sur le chant diocésain*, comme il en donne l'assurance. Il devrait bien nous en donner des preuves. Mais quant à dire que *cet usage a été suivi constamment dans tous les temps, dans tous les diocèses de France par tous les éditeurs*, cela est complètement faux. Les traités faits dans beaucoup de diocèses de France prouvent le contraire. Il ne m'est pas permis de publier ces traités. Cela ne veut pas dire cependant qu'il n'existe pas dans certains diocèses des abus semblables à ceux qui existent à Rouen, par exemple à Evreux, où la liturgie romaine fut adoptée quelques mois avant son adoption à Rouen.

Mais de ce que ces abus existeraient dans plusieurs diocèses, cela ne suffirait pas pour les justifier.

Tous les libraires accordent facilement que sous le contrôle vigilant de l'Autorité ecclésiastique, les livres brochés soient établis à des prix suffisamment rémunérateurs pour que les risques ne soient pas au-dessus des forces de l'éditeur, mais aucun ne saurait accepter que le droit de la reliure fût cédé à un seul libraire, tellement il en pourrait résulter d'inconvénients. N'est-ce pas d'ailleurs jeter de l'odieux sur la propriété liturgique, qui n'a été reconnue et respectée que dans l'intérêt des doctrines religieuses et pour la conservation de leur unité, sans la moindre pensée qu'on pût en faire une question commerciale.

21° Il m'est inutile de répondre ici au vingt-et-unième alinéa, ayant montré plus haut combien sont illusoires dans bien des cas les 15 0/0 de remise qui sont en effet une part disproportionnée dans les bénéfices à réaliser, mais dans tout autre sens que celui insinué par l'éditeur.

22° L'éditeur rouennais a eu le courage d'affirmer qu'*il n'y avait jamais eu d'abus dans l'exercice de ses droits d'éditeur, ce qu'aurait reconnu par écrit M. Mame, de Tours, lorsqu'il fut pris par le Cardinal-Archevêque de Rouen comme arbitre de notre différend liturgique.*

Cette affirmation m'oblige à entrer dans quelques détails :

Au mois de décembre dernier, M. l'abbé Lair, vicaire-général, vint me dire que son Eminence, pour activer la solution des différends au sujet des livres liturgiques, désirait que j'eusse une entrevue particulière avec l'éditeur diocésain, qui, disait-il, avait montré des dispositions tout à fait conciliantes.

Malgré mon peu d'espoir d'arrangements, j'y consentis, par égard pour Monseigneur. Dans cette entrevue, M. Fleury montra une grande animation contre l'éditeur de Tours, et me dit : « M. Mame fait des calculs incroyables pour montrer que je gagne trop, et par suite, Son Eminence exige que je baisse mes prix. Je le ferai, mais l'Archevêché ne m'obligera toujours pas à les baisser tellement qu'il ne me reste pas au moins 25 0/0, car je n'y consentirais pas. » Il ne me reste pas de preuves de ces paroles, de sorte que l'éditeur pourrait aimer à les oublier. Dans cette crainte, qu'il me soit permis de transcrire ici le passage d'une lettre de M. le vicaire-général au nom de Monseigneur :

Rouen, le 2 décembre 1882.

Monsieur,

En réponse à la lettre que vous avez adressée à Monseigneur, ces jours derniers, je ne suis pas autorisé à vous faire d'autre réponse que celle-ci : M. Fleury doit modifier ses prix selon les instructions de M. Mame. Ce travail est fait ou doit se faire activement.

Je regrette doublement ces débats, qui vous donnent tant d'ennuis et me prennent tant de temps.

Agréez, etc.

LAIR,
Vicaire-général.

Cette lettre signifie-t-elle qu'il n'y a jamais eu d'abus, et que ces abus n'ont pas été reconnus par M. Mame aussi bien que par Son Eminence ? Faut-il ajouter que, malgré les ordres du Cardinal, malgré ses promesses à M. le Vicaire-génér.l et à Monseigneur lui-même, l'éditeur n'a pas encore diminué ses prix.

23° Au vingt-troisième alinéa, M. Fleury dit que les lettres reçues de M. le Vicaire-général chargé de cette affaire établiraient simplement *que lui éditeur, n'a consenti à certaines concessions que par esprit de paix, afin d'éviter un appel au scandale, mais qu'il en est mal récompensé.*

Je ne veux pas publier les lettres de M. l'abbé Lair, qui, dans toute cette affaire, a été d'une prudence, d'une charité et d'une patience admirables. Elles établiraient le contraire de ce que dit M. Fleury. Je ne puis cependant laisser sans réponse ce que l'éditeur dit de ma circulaire ; ce qui va me forcer à entrer dans quelques détails que j'aurais voulu ne pas raconter publiquement. L'Autorité ayant connu la réponse de M. Fleury avant sa publication, ne saurait trouver mauvais que j'y réponde. Mon silence serait d'ailleurs mal interprété par ceux que cette question intéresse.

Après avoir fait tout mon possible pendant plus de cinq ans pour amener l'éditeur diocésain à cesser sans bruit tous ses abus, et après avoir perdu tout espoir d'y réussir, je me suis cru obligé de m'adresser à l'Autorité ecclésiastique. Mes réclamations furent parfaitement comprises. On en fit part à M. Fleury et on voulut l'obliger à donner ses livres brochés. Après bien des pourparlers très-longs et très-fatiguants, M. Fleury déclara (février 1882) qu'ayant fait faire toutes ses reliures pour la saison des premières communions, ce serait une ruine pour lui si on l'obligeait à donner ses livres brochés, et qu'il demandait pour cette saison à n'en donner qu'un dixième. Son Eminence envoya alors M. l'abbé Lair, vicaire-général, me dire qu'elle serait désireuse de me voir si je consentais à accepter cette offre de M. Fleury, mais que si je n'y consentais pas elle désirait attendre le résultat de nouveaux pourparlers avant de me voir. Je répondis que, malgré mon peu de confiance dans les paroles de l'éditeur diocésain, et pour montrer mon désir de la paix, j'acceptais pour cette année l'offre du dixième broché, avec espérance d'arriver plus tard à la seule conclusion juste.

Dans ce cas, me dit M. le Vicaire-Général, Monseigneur désire vous voir demain, à une heure. Je me rendis auprès de Son Eminence le 5 mars 1882.

« *Je vous remercie*, me dit Son Eminence, *de bien vouloir accepter pour cette année les offres de M. Fleury. J'espère que la paix se fera. Je reconnais qu'il y a eu des abus, de graves abus dans le diocèse pour la vente des livres liturgiques. Ces abus, il faut qu'ils cessent, j'y tiens, et j'y veillerai ; mais il ne faut rien brusquer.* »

Je remerciai Monseigneur de l'assurance qu'il me donnait pour l'avenir. Notre conversation se prolongea assez longue-

ment sur ce sujet, et je partis bien convaincu que tout allait
s'arranger. Je me trompais. Etant allé quelque temps après
faire à plusieurs reprises des achats de paroissiens, je voulus
me faire livrer le dixième broché, selon la promesse de Son
Eminence. L'éditeur me répondit une première fois qu'il en
ferait venir; une seconde fois, que l'édition était épuisée, et une
troisième, qu'il n'avait jamais donné de livres brochés et qu'il
n'en donnerait jamais.

Je renouvelai mes réclamations près de Son Eminence, qui,
par huit ou dix fois, envoya M. l'abbé Lair porter ses ordres
à M. Fleury, mais sans jamais pouvoir se faire obéir. M. le
Vicaire-Général venait en même temps me voir, me faire part
des nouvelles promesses et des nouvelles assurances de Son
Eminence ; quelquefois aussi il me les écrivait ; mais elles sont
toujours restées sans résultat, par suite de la résistance de
l'éditeur.

M'étant absenté pour un long voyage, j'avais espéré à mon
retour voir la question réglée selon la justice. Pas du tout. Tout
était à recommencer. Je me remis à l'œuvre, demandant l'accomplissement des engagements, mais toujours inutilement.

Son Eminence, fatiguée et déterminée à en finir, voulut
envoyer de nouveau M. le Vicaire-général donner des ordres
plus énergiques à son éditeur; mais M. l'abbé Lair, prévoyant
que cela n'aboutirait pas plus que par le passé, montra une
certaine répugnance à continuer tant de démarches inutiles.

Monseigneur se décida alors à nommer une commission
dont M. l'abbé Isaac, Vicaire-général, fut nommé président, et
dont faisaient partie M. l'abbé Lair et M. l'abbé Regneaux, curé
de la Cathédrale. Cette commission fut chargée d'examiner à
fond les réclamations sur les abus des livres liturgiques, puis
de prendre des décisions à ce sujet, décisions que Son Eminence approuvait par avance, et qui devraient être exécutées
coûte que coûte.

La commission s'acquitta de sa charge, examina le tout très-
sérieusement et prit ses décisions, qu'elle transmit à l'éditeur.
On me les fit connaître en même temps; ce qui me causa une
grande satisfaction, car elles étaient favorables à mes désirs et
tout à fait conformes à la justice. J'allai donc trouver M. l'abbé
Isaac pour l'en remercier. Je fus, chez lui, profondément sur-
pris, lorsqu'il me montra la réponse écrite de l'éditeur, qui refusait formellement d'obéir aux ordres de la commission nommée
par Monseigneur.

En face de ce refus, Son Eminence se détermina à prendre
comme expert M. Mame, de Tours, qu'il fit venir exprès à Paris.

Là, Monseigneur lui exposa les difficultés dont on se plaignait dans le diocèse de Rouen, au sujet des livres brochés, et principalement au sujet des propres pour bréviaire et missels que l'éditeur rouennais refusait de vendre séparément.

« Je suis l'éditeur liturgique de plus de vingt diocèses en
» France, répondit M. Mame, et je puis vous affirmer, Monsei-
» seigneur, que je n'éprouve jamais aucun des embarras dont
» vous parlez. Je donne tout ce qui m'est demandé, broché,
» relié, les propres séparés, et jusqu'à une feuille séparément,
» sans descendre dans tous les détails dont vous me parlez.
» D'ailleurs, mes traités sont faits de telle manière qu'il ne
» saurait y avoir des abus semblables dans les diocèses pour
» lesquels je suis éditeur. » M. Mame demanda ensuite à Monseigneur de lui faire envoyer à Tours le tableau résumé des réclamations des libraires, ainsi que le traité et les catalogues de l'éditeur diocésain. Je ne me crois pas autorisé à publier ici ses réflexions au sujet de ces diverses pièces, et je vous ai dit tout à l'heure que M. Fleury n'avait pas consenti à baisser ses prix d'après les indications données par M. Mame à l'Archevêché.

N'espérant donc plus aboutir par les moyens ordinaires, j'écrivis à Monseigneur pour faire une dernière tentative, en l'avertissant que si je n'obtenais rien, je partirais pour la Belgique deux jours après ma lettre, afin de faire imprimer moi-même à Tournay et à Malines, les propres du diocèse de Rouen.

Trois jours après, n'ayant rien reçu, je partis comme je l'avais dit. Dix minutes après mon départ, M. l'abbé Lair, Vicaire-général, arrivait à la librairie. Il était trop tard. Il me fit alors télégraphier pour me demander de lui répondre par dépêche si je consentais à attendre vingt-quatre heures avant de rien entreprendre, afin que l'on eût encore le temps d'examiner si une nouvelle combinaison pouvait aboutir.

La dépêche me fut remise à mon arrivée à la gare de Lille.

Je répondis immédiatement que j'attendrais les ving-quatre heures demandées.

Le lendemain, je reçus une dépêche de M. l'abbé Lair lui-même, me disant : « *Vos conditions sont acceptées, vous rece-*
» *vrez une lettre demain.* » La lettre annoncée m'arriva en effet à Tournai. M. le Vicaire-général m'y transcrivait l'engagement qu'il avait fait prendre par écrit à M. Fleury, et ajoutait : « *Je n'ai pas besoin de vous dire que ces concessions suppo-*
» *sent que vous renoncez à tout projet d'impression de propre,*
» *catéchisme, etc...* » Voyant dans l'engagement de l'éditeur

un commencement de retour à la justice, je me suis déterminé à revenir *sans rien faire imprimer*.

A mon retour, je fis de nouveaux achats, afin d'avoir l'occasion de faire exécuter l'engagement pris par M. Fleury; mais ce fût peine perdue. M. Fleury refusa d'accomplir ses engagements, et son fils répondit qu'il n'avait jamais donné de livres brochés et qu'il n'en donnerait jamais. Je fis de nouveau connaître la chose à Son Eminence. Pas de réponse. C'est alors que je me suis déterminé à lancer ma première circulaire, qui m'a valu de la part de l'éditeur la réponse dont il s'agit dans cette lettre.

Jugez maintenant, après cet exposé, si l'éditeur diocésain est en droit de parler *de l'esprit de paix qui l'a fait*, dit-il, *consentir à certaines concessions afin d'éviter un appel au scandale*. Le scandale ne serait-il pas de voir se continuer ce qui se fait depuis trop longtemps ?

24° Et maintenant, à mon tour de vous dire que *je laisse* aussi *à votre conscience le soin d'apprécier le caractère et l'opportunité* de pareil trafic *en ce moment*.

25° Puis de juger par mes deux circulaires si mon but principal dans ma demande du droit de reliure est, comme le dit l'éditeur, *de recueillir moi-même les bénéfices de son long travail*, ou bien, comme je le déclare, de contribuer à faire cesser une partie des abus dont la vue révolte tout catholique comme tout commerçant ayant les plus élémentaires notions de justice.

Pensez-vous, après ces explications, que M Fleury soit bien en droit de dire, comme il l'écrit dans sa circulaire, *que les prix des livres liturgiques du diocèse défient toute critique honnête et toute concurrence loyale ;* et qu'en agissant comme il l'a fait, *il n'a jamais eu d'autre désir que celui de servir la sainte Eglise, ses Pontifes, ses prêtres et la vérité*.

Je crois avoir confirmé par des preuves indiscutables la justice des plaintes et des réclamations contenues dans ma première lettre. La tâche m'en a été singulièrement facilitée par la réponse de M. Fleury lui-même, réponse qui aurait pu se passer de réplique si je n'avais craint que mon silence fût mal interprété.

Si l'éditeur diocésain répond de nouveau, il fera bien de reprendre un à un tous les arguments contenus dans ma circulaire, comme je l'ai fait pour la sienne, afin que nos lecteurs soient parfaitement éclairés sur la question.

Je ne terminerai pas cette lettre, comme l'éditeur diocésain, par la publication de mon catalogue qui, non plus que le sien, ne prouverait rien. Il suffit, monsieur l'Abbé, que vous sachiez que vous pouvez trouver chez moi tout ce qui concerne la librairie ecclésiastique et religieuse à d'aussi bonnes conditions que partout ailleurs. Je vous fournirai présentement tous les livres liturgiques : missels, bréviaires, paroissiens, etc., au même prix que l'éditeur, en attendant que je puisse vous les fournir à de meilleures conditions, ce qui ne me sera possible que lorsque j'aurai pu les faire imprimer moi-même. Cette solution ne saurait beaucoup tarder puisque l'Autorité ecclésiastique, malgré toutes mes patientes démarches, ne peut arriver à faire rentrer dans l'ordre tout ce qui dépend du monopole liturgique.

Après l'envoi de ma première circulaire, j'ai demandé comme toujours que l'éditeur fût obligé de fournir *brochés* les livres liturgiques dépendant du privilége. M. le Vicaire général, chargé de cette affaire par son Eminence, n'a pu me donner que cette seule réponse : « Attendez encore. » J'attends donc depuis deux mois comme je l'avais fait depuis huit ans, mais toujours sans résultat. Beaucoup me blâmeraient d'une aussi longue attente si tous ne connaissaient mon respect pour l'Autorité religieuse, respect que j'ai toujours fait passer, vous en avez eu bien des preuves, au-dessus des questions d'intérêt. Aujourd'hui, la démonstration en est faite par ce qui précède, ce n'est plus seulement une question d'intérêt, mais une question de justice. Rien donc ne saurait autoriser de plus longs retards.

Un certain nombre de libraires de la ville et du diocèse de Rouen se sont offerts à agir de concert avec moi dans cette affaire. Je ne puis qu'accepter leur concours avec reconnaissance. Aussi, forts de notre conscience, et sachant que nous avons obtenu le suffrage de la presque unanimité du Clergé, nous sommes résolus à poursuivre notre droit jusqu'au bout. Nous croyons ainsi rendre service à tous, même à notre Évêque, qui ne se refuserait pas à nous donner gain de cause, s'il ne se heurtait à des difficultés sans doute indépendantes de sa volonté.

Nous vous avons en effet prouvé, Monsieur l'Abbé, que maintes fois le Cardinal avait donné des ordres en notre faveur, et que ces ordres n'ont pas été exécutés, *même quand la promesse en avait été faite par écrit.* Nous nous flattons de l'idée que Son Éminence sera heureuse d'être délivrée d'un fardeau qui lui pèse, d'un contrat dont l'Administration diocésaine, malgré son habileté, malgré sa loyauté, se sent aujourd'hui victime.

Mais si, contrairement à nos espérances, pour des causes inconnues et inexplicables, nous étions désapprouvés et combattus, nous croirions devoir agir quand même dans le plus bref délai, dussions-nous porter l'affaire en Cour de Rome, lui demandant de décider si « le droit d'approbation de l'Évêque peut porter sur autre chose que sur l'identité du texte liturgique, et si, pour une raison d'ordre purement commercial, l'Évêque peut se refuser a donner cette approbation à un texte parfaitement conforme a l'original approuvé par la Sacrée Congrégation des Rites. » Nous ne croyons pas présumer de la haute impartialité de cette Cour suprême en pensant que sa décision nous sera favorable. Notre marche sera alors toute tracée. Nous présenterons humblement à l'approbation de notre Archevêque tous les livres que nous publierons, en offrant de payer toutes les redevances légitimes. Ils seront en tout conformes à ceux publiés par le libraire de l'Archevêché ; donc, nous nous tenons assurés par avance qu'ils seront approuvés.

Si maintenant nous étions attaqués par M. Fleury, nous nous présenterions bravement devant les tribunaux, qui nous donneraient certainement raison, et l'éditeur diocésain y perdrait à la fois son argent et sa considération.

Je préfère encore croire que son Eminence, se rappelant les paroles de notre entrevue : *Je reconnais qu'il y a eu des abus, de graves abus dans le diocèse pour la vente des livres liturgiques : ces abus, il faut qu'ils cessent, j'y tiens et j'y veillerai »* saura remettre tout dans l'ordre et faire triompher la justice.

Rien du reste ne serait plus facile que de terminer ce débat. Je tiens, avant de clore cette lettre, trop longue à mon gré, à préciser mes prétentions en deux lignes dont la clarté et la simplicité en feront ressortir la justice :

Ce que je demande de l'éditeur diocésain, *c'est que tous les livres liturgiques, approuvés dans le diocèse, soient livrés brochés ou reliés selon le désir de chacun.*

Si la modération de ma demande ne terminait pas la question, j'ai assez confiance dans l'esprit de justice du Clergé pour me flatter qu'il n'attribuera qu'à l'obstination d'un tel refus les conséquences fâcheuses qui en pourraient résulter.

Veuillez agréer l'assurance des sentiments avec lesquels j'ai l'honneur d'être,

Monsieur l'Abbé,
Votre très-humble et tout dévoué serviteur.

L.-M. MONTARGIS.

Rouen, imp. J. Lecerf, rue des Bons-Enfants, 46.